CONSELHO DE CLASSE

Jô Bilac

CONSELHO DE CLASSE

2ª edição

Cobogó

A Cia dos Atores dedica a publicação desta peça a Bel Garcia, incrível atriz e diretora que nos conduziu, junto com Susana Ribeiro, no processo criativo de construção deste espetáculo. Com sua presença iluminada, marcou nossas vidas e será sempre lembrada por seu talento e sua dedicação ao teatro, que sempre amou.

SUMÁRIO

Conselho de classe por Bel Garcia   9
Conselho de classe por Susana Ribeiro   11

CONSELHO DE CLASSE   15

Sobre o autor   89
Breve relato dos 25 anos da Cia. dos Atores   91

Conselho de classe por Bel Garcia

Todas as peças de teatro são escritas para o palco e merecem ser encenadas. Salvo as mal escritas, e mesmo essas merecem sair do papel e chegar ao palco. Esse não é o caso de *Conselho de classe*, muito pelo contrário. Além de bem escrita, a peça foi elaborada na perspectiva de sua encenação imediata.

A dramaturgia contemporânea, na maioria das vezes, conta com a colaboração da encenação, dos atores e até do espaço, e por isso mesmo, por esse caráter volátil, é tão importante seu registro. Publicar a dramaturgia de uma época é essencial para defini-la culturalmente e ajudar os que virão a compreender a época em questão. Imaginem daqui a 80 anos o que pode causar a leitura dessa peça. Não sabemos. Eu espero que as questões aqui levantadas estejam modificadas, para melhor.

No caso de *Conselho de classe*, em que tínhamos a figura do autor presente e o fácil diálogo, os processos de escrita e encenação correram concomitantemente. Os ensaios duraram três meses e as cenas chegavam aos poucos, o que nos possibilitou trabalhar detalhadamente o universo de cada personagem. A partir da discussão das cenas, a minha contribuição no texto foi a sobreposição de uma cena sobre a outra e a interseção dos diálogos.

Quando a peça inicia uma turnê, há lugares que favorecem a cena e outros que a dificultam. Frequentemente cortamos ou inserimos alguma fala, que chamamos de "caco", com o propósito de facilitar essas adaptações e deslocamentos, ou para tornar a peça mais viva. Tudo isso transforma o texto (ao menos para nós) em processo de escrita cênica, o que só é possível pela força dessa obra dramática, não por acaso merecedora de diversos prêmios no último ano.

Bel Garcia

Conselho de classe por Susana Ribeiro

> *Espero que uma obra dramática, desembaraçada das declamações, liberta das palavras enfáticas e dos grandes sentimentos, tenha a alta moralidade do real e seja a lição terrível de uma investigação sincera.*
>
> (Émile Zola, *O romance experimental e o naturalismo no teatro*)

... o íntimo, o pessoal, o extremamente íntimo. Aquilo que se coloca no outro quando torna-se insuportável para si mesmo. Sorrir finalmente para o nosso pessoal. O extremamente pessoal. O incompleto inacabado ser humano. E também, ali na sala de ensaio, a nossa idade, o tempo de estrada juntos, a eminente paternidade, a latente enfermidade. Finitos: e sabíamos disso. As personagens de *Conselho de classe*, assim como nós, eram escolhas de comida, de classe, de língua, de música favorita, de índole, de bairro, Fusca, nome do marido. "E a lógica dos fatos sempre combinada com a lógica de seus próprios temperamentos", como desejava Zola.

E enquanto cada ator costurava sua personalidade, a direção apostava que os movimentos da dramaturgia, aliados aos impulsos das personagens, naturalmente desenhariam a cena. Assim ficava fácil perceber o que saltava fora, o que não cabia, não precisava.

No início do processo estávamos atrás de um surrealismo, de imagens que haviam chegado antes mesmo do texto. Uma invasão de moscas, um calor excessivo, uma tartaruga atravessando a cena, um chão que suspirasse. Algo que pontuasse e fizesse a realidade respirar um pouco, pausar o cotidiano massacrante e desesperançoso de que falava a peça.

E o elemento surreal que predominou e se estabeleceu veio justamente de uma demanda da nossa realidade, da necessidade de verossimilhança e do reconhecimento de que é preciso acolher e se apropriar das demandas como matéria-prima-viva da natureza da peça: cinco atores homens em um universo predominantemente feminino.

Bel sugeriu então que todos fossem mulheres. A partir disso, sentamos com Jô e todo o elenco para juntos entendermos como isso se daria no palco. Eram homens, agindo como homens, se vestindo como homens, inseridos e mergulhados em texto, questões, circuitos emocionais completamente femininos.

Deslocamos então o corpo físico da personagem em direção ao imaginário da plateia. Ver, entender e completar aquela professora era tarefa do público, que com isso estava definitivamente convidado a participar da brincadeira. Fizemos questão que esse convite acontecesse logo de início, já que a brincadeira não estava em decifrar o conceito, mas sim em introjetá-lo para que todos pudessem tranquilamente voltar à história daquela gente.

Professores, empregados, carteira assinada, sindicatos, estatutos, uniformes, conselhos de classe.

Nessa investigação sincera, na alta moralidade do real, humor, drama e tragédia se revelaram para nós. O problema continuava grande: a educação no Brasil (nossa!), mas pelo menos a realidade tornara-se suficiente. Quem sabe algumas importantes respostas não moravam justamente ali, na realidade, no cotidiano de cada uma daquelas professoras, dedicadas, por toda a vida, ao ensino público brasileiro.

E quem sabe a poesia daqueles alunos (bonde, máfia, gangue) não era justamente o início perfeito para uma escuta-diálogo mais sensível?

Susana Ribeiro

CONSELHO DE CLASSE

de **Jô Bilac**

Para Cléa Maria, que, além de me orientar durante o processo do texto, tenho o prazer de ter como minha camaradinha. *Lhe amo!*

Jô Bilac

Conselho de classe estreou no dia 26 de setembro de 2013 no Mezanino do Sesc-Copacabana, no Rio de Janeiro.

Texto
Jô Bilac

Direção
Bel Garcia e Susana Ribeiro

Elenco
CÉLIA: Cesar Augusto
EDILAMAR: Leonardo Netto
PALOMA: Marcelo Olinto
MABEL: Thierry Trémouroux
JOÃO RODRIGO: Paulo Verlings
VOZ OFF VIVIAN: Drica Moraes

Cenário
Aurora dos Campos

Iluminação
Maneco Quinderé

Figurino
Rô Nascimento e Ticiana Passos

Trilha original
Felipe Storino

Fotografia
Vicente de Mello (locação) e Dalton Valério (cena)

Projeto gráfico
Radiográfico

Assistência de direção
Raquel André

Direção de palco
Leandro Brander e Wallace Lima

Operação de luz
Orlando Schaider

Operação de som
Diogo Magalhães

Direção de produção
Tárik Puggina

Produção executiva
Luísa Barros

Administração
Amanda Cezarina

Produção
Nevaxca Produções

Realização
Cia. dos Atores e Nevaxca Produções

Nota do autor

Conselho de classe estreou no Sesc-Copacabana, dia 26 de setembro, dia do meu aniversário, um presente inesquecível pelo qual serei eternamente grato. Além de sentir uma profunda admiração e muito respeito pela Cia. dos Atores, reconheço neles a influência e referência da minha identidade, até mesmo antes de eu começar a escrever para teatro. Agradeço pelo encontro e a oportunidade de desfrutar o brilhantismo e a generosidade desse time de feras com quem tive a honra de conviver para escrever este texto.

    Um agradecimento especial a Raquel André, pela ideia de o texto se passar em uma quadra esportiva escolar.

Personagens

CÉLIA PATRÍCIA — Professora de biologia e matemática, representa os projetos dos laboratórios da escola. Vive cansada, se abanando, reclama de tudo. Vive querendo ir embora mais cedo. Trabalha com revendas e encomendas, para aumentar o orçamento.

PALOMA PAMPONETE — Professora de português. Luta pela integração da biblioteca com a escola. Sensível, meio boba para a idade que tem. Ninguém lhe dá muito assunto. Tem boas intenções, mas ideias frágeis. Tem muito amor pela profissão, mas é uma professora mediana em sala de aula. Gosta de ser chamada de "Tia Paloma".

EDILAMAR CASTILHO DE JESUS — Professora de educação física, responsável pela quadra, onde promove o lazer da escola, festas folclóricas, campeonatos etc. Treinadora da equipe de handebol que projeta a escola na comunidade. Autoritária, pragmática. Não abre mão da sua sala de troféus.

MABEL DA SILVA — Professora de artes. Desde que foi transferida, luta por um espaço de artes na escola separado do esporte. Passional, não esconde sua rivalidade com Edilamar. Muito entusiasmada em sala de aula, dá nó em pingo d'água para ensinar arte. Muito popular entre os alunos.

JOÃO RODRIGO — Novo diretor.

VIVIAN DE LIMA SOUSA — Antiga diretora, afastada por motivo de doença. Alguma coisa mental. Estafa.

PRÓLOGO: OS JAPONESES

Quadra poliesportiva da Escola Estadual Dias Gomes.

Do lado direito, debaixo da trave, Célia, que colocou um plástico para se proteger do sol que bate com força, está sentada numa cadeira e mesa improvisadas. Do lado esquerdo da quadra, uma mesa com um filtro de água vazio e uma cafeteira, copos de plástico.

Muito calor, o ventilador de pedestal gira muito lento.

Edilamar entra na sala carregando umas sete, oito cadeiras de estudante, coloca perto das outras e sai da sala, até retornar com uma nova cadeira. Edilamar ainda está carregando sua mochila. A ação se repete, enquanto ouvimos Vivian no alto-falante da quadra.

VIVIAN: [*voz em off*] Não sei te responder isso. [*suspira, saturada*] É uma questão muito complexa... Porque a gente fala, fala e não sai do lugar... Até sai, mas sai pouco, entende?... Era pra sair mais... A essa altura do campeonato, já era pra estar lá na frente... Aí, quer dizer, fica complicado... Essa que é a verdade, é complicado mesmo. Precisa olhar pro geral. Por exemplo, você pega... sei lá... pega o Japão. Taí: pensa no japonês. Os caras inventam tudo que é coisa, é negócio dentro do olho que liga e desliga, é robô que faz isso e aquilo outro... Aí tem um terremoto e as casas dos caras caem, a cidade inteira cai, e eles vão lá: um mês, tá tudo de pé novamente. Quer dizer, precisa de quê? Tecnologia, estrutura, planejamento, mas também de consciência ecológica, respeito, bom-senso, coletivo. Mas tem que estudar pra isso, né, gente?! Precisa se educar. Quando os japoneses perceberam a educação como prioridade, o Japão virou essa potência mundial que a gente conhece. Entende? Mas o que acontece é que lá, lá no Japão... eu tenho a maior simpatia pelo Japão, você percebeu né? [*ri*] Mas é que lá, rapaz, todo mundo é amarelo, todo mundo tem a mesma cara, o mesmo olho. Aqui no Brasil, não. Um é preto, outro é mulato... Daí fizeram umas escolas pra poucos, e deu no que deu: uma educação totalmente deformada hoje. É preciso entender o país e quem está nele. Pra isso, você precisa sair da sala de aula e entender o aluno como indivíduo... o professor como indivíduo. E os indivíduos perceberem a escola como parte da sua comunidade e o que você pode fazer por ela. É bem por aí. "Só tem duas opções nesta vida: se resignar ou se indignar. E eu não vou me resignar nunca." Darcy Ribeiro. Sabe quem foi Darcy Ribeiro, né?

CENA 1: CALOR

Célia corrige provas, de costas para a plateia. Edilamar coloca a última cadeira na quadra e consulta o relógio de pulso.

EDILAMAR: Cadê esse povo, gente? Calor do cacete. [*silêncio. Edilamar nitidamente incomodada com o* *calor*] Devia ser proibido. [*sem resposta*] Podiam criar ponto facultativo.

CÉLIA: Você tá falando do calor?

EDILAMAR: Isso não é calor, é o cu do diabo. Tinham que proibir abrir a escola num dia desses. Sem condições.

CÉLIA: Era mais fácil colocar um ar-condicionado.

EDILAMAR: Pois é. Taí! Gostei. Isso, sim, era uma reclamação legítima... Mas a língua é o guardanapo do rabo, e o povo em vez de ficar metendo malho no trabalho dos outros devia, sim, se unir e pensar no bem da maioria... Mas não, neguinho aqui, ó...

CÉLIA: [*sem desviar o olhar da contabilidade*] Pois é, e eu com um monte de coisas pra fazer em casa, dar conta... Não era nem pra estar aqui.

EDILAMAR: ... A gente fica lutando pelas coisas, pra dar jeito, melhorar... mas tem gente que... Francamente.

CÉLIA: Esquenta a cabeça não, é assim mesmo, o negócio é cada um cuidar da sua vida, bola pra frente...

EDILAMAR: Pra reclamar é uma beleza, mas na hora de comparecer... Cadê?

CÉLIA: Você tá falando da Mabel?

EDILAMAR: Tanto se fala em educação, a bandeira da educação, salve a educação brasileira, mas não chega nem na hora... [*indica o relógio de pulso*] Educação não é só "dois mais dois", não. É bom-dia, boa-tarde, é chegar na hora.

CÉLIA: Você e a Mabel tão que tão...

EDILAMAR: Chegou aqui ontem e já tá se achando cheia dos direitos.

CÉLIA: Ela tá aqui há oito anos.

EDILAMAR: Já tem isso tudo?

CÉLIA: Tá voando o tempo, né? Você pisca os olhos e já é segunda. Pisca novamente e virou Natal.

EDILAMAR: Que seja. Eu tô aqui há 14 e você tá há 16 e nem por isso a gente invade o espaço dos outros. Nem por isso a gente sai por aí se metendo em coisa que não é da nossa conta. Eu sou muito legal? Eu sou muito legal. As pessoas têm o direito de se expressar? As pessoas têm o direito de se expressar. Agora, não vem com quiquiqui, diz que diz, mimimi, não. Fala: abre a boca e fala. Mulher velha. Vai ficar no cantinho, não sei o quê...? Disse isso, disse aquilo? Não gosto disso. Ih. Nunca gostei. Se tem uma coisa que eu tenho horror... Que isso? Passar por cima do outro? Depois vai pra sala de aula dizer que ser humano é assim, não sei o quê, faz o bem, viva a arte, dia da árvore. E na vida real, eu quero ver na vida real. A realidade. O discurso é bonito... Mas pera lá, devagar... que isso? Chega devagar! No sapato! Ninguém aqui é criança.

CÉLIA: Tá de ovo virado? [*Edilamar não responde*] Isso não vai dar em nada, não... Capaz até de não aparecer ninguém, daí a gente mesmo decide e pronto, acabou. E a Mabel, ela é...

EDILAMAR: Safada.

CÉLIA: Que isso...

EDILAMAR: Essa mulher é safada. Safada. Mulher safada. Se tem uma coisa nesse mundo que essa mulher é, é safada. Você me conhece tem o quê?

CÉLIA: Catorze anos.

EDILAMAR: Catorze anos. Quando foi que você me viu negligenciar a escola? Nunca, não é?

CÉLIA: Nunca.

EDILAMAR: Quando foi que você me viu pegar um grampeador, um toco de giz que fosse e colocar na minha mochila? Quando foi que você ouviu falar nisso? Você já me viu fazendo isso? Pode falar. Só tem eu e você aqui. Por nossa amizade! Eu nunca fiz nada que prejudicasse alguém aqui... Aí vem essa mulher lá da puta que pariu...

CÉLIA: [*colocando panos quentes na situação*] Calma! Tá todo mundo alterado. E tem esse calor, o afastamento da Vivian. Calma, calma...

EDILAMAR: Eu sou a calma em pessoa. Se tem uma coisa que eu me prometi quando acordei hoje, foi não perder a calma. Não vou perder a minha razão, ah, mas não vou mesmo. Tomei até remédio de pressão.

CÉLIA: Isso mesmo, se exaltar nessas horas não adianta. Olha pra mim... [*Edilamar bate a bola na parede, como que treinando*] Nada me aborrece. O quê? Nada! Se eu fosse esquentar a cabeça... tô fora. E olha que não é bolinho. [*metralha*] É de uma escola pra outra, trabalhando feito uma mula, ônibus cheio, engarrafamento, calor africano, sala lotada, sobe escada, desce escada, fila de banco, paga conta, leva encomenda, pega encomenda, marca hora no médico, corrige prova, aluno gritando, colocando o dedo na sua cara, atendendo telefone, ouvindo música alta, cagando pra você e suas crises de meia-idade, e você pensa que eu esquento a cabeça? [*dá de ombros*] Eu quero é que o mundo acabe em praia, pra eu comer peixe frito. [*vemos Tia Paloma entrando na escola pelo corredor do lado esquerdo*] Aqui... Olha a desgrama... [*pega uma prova de um aluno, entre suas coisas. Lê em voz alta*] Rafael, da 602. Como as enzimas se reproduzem? Olha a resposta, presta atenção: "As enzimas se reproduzem facilmente e de forma hábil, pois é só ficar uma *enzima* da outra." Olha essa outra: "Qual é a função do esqueleto? Invadir o Castelo de Greyskull." Tá vendo? Você acha? Eles pensam que a gente é palhaço, faz graça. Você acha que eu me aborreço? É isso que eles querem... Que a gente termine igual à Vivian. Mas aí é que tá, nada me aborrece. Comigo o buraco é mais embaixo.

EDILAMAR: Vem cá, falando nisso... você sabe da Vivian? Se tá bem, já teve alta...?

CÉLIA: Daquele jeito, né?... Falei com o marido dela, ele disse que ela reconhece as pessoas, mas não fala nada... Dorme muito. Descansando, os remédios... vou passar lá no final da semana, se animar e quiser ir junto...

EDILAMAR: Mas ela já está podendo receber visitas?

CÉLIA: Olha, isso eu não sei, mas eu sei é que antes disso tudo ela fez uma encomenda comigo e não pagou. Nessa brincadeira eu morri em duzentas pratas. Vou bater lá na porta dela, não quero nem saber.

EDILAMAR: Faz uma rifa...

CÉLIA: Mas é aquele kit de macadâmia... sabe? Aquele com tampinha dourada.

EDILAMAR: Ah... Se fosse o de pitanga eu até comprava.

CÉLIA: Qual? O da tampinha azul-royale?

EDILAMAR: Isso...

CÉLIA: Se eu soubesse... subi ontem pra Petrópolis. [*começa a mostrar os produtos de venda: muambas, cosméticos e roupas*] Podia ter trazido, você não falou nada...

EDILAMAR: Não, mas eu não tô podendo, não...

PALOMA: Bom dia, gente! Desculpe o atraso.

EDILAMAR: [*mostrando o relógio*] Boa tarde, né?

PALOMA: [*esbaforida, mas sempre angelical*] Nossa, lá fora tá... Que calor é esse... [*se referindo aos produtos que Célia mostra a Edilamar*] Ah, não, eu agradeço, esse mês não vai dar, vou deixar para a próxima. Ainda bem que vocês marcaram aqui. As salas estão um forno. [*Edilamar e Célia sem dar atenção para Paloma, ainda negociando muambas e valores*] Tá quente demais... Onde a gente vai parar? [*aturdida de calor, se abanando e apoiando a cabeça com as mãos, refrescando o rosto com a temperatura da sua garrafa d'água. Durante a fala de Paloma, Edilamar sai para o banheiro para experimentar uma blusa*] Daqui a pouco a gente não sai mais na rua... Misericórdia. Você sai na rua e vem um bafo quente... parece que você está entrando dentro de uma boca. Cheia de dentes. Mastigando. Falando de boca cheia. Às vezes eu acho que é até por isso que tá todo mundo meio assim, alvoroçado... É esse calor... Não dá pra raciocinar direito... Fica tudo colando... Tudo inflamado... "O calor deturpa tudo." Ouvi isso ontem. Queria que tivesse sido de uma pessoa de verdade, mas foi no teatro. Por isso que quando posso vou ao teatro. Pra ver gente de mentira falando verdade, fugir um pouco dessa gente de verdade que só fala mentira... Eu fiquei me perguntando... Meu Deus! Isso é tão antigo e as pessoas ainda se envolvem. Você chegou da rua agora, daqui a pouco o corpo se acostuma. Vai lá no banheiro, joga uma água no rosto.

Sai, cruzando com Edilamar que volta do banheiro.

EDILAMAR: [*fazendo referência à blusa*] Ficou bom, não... Marcou aqui.

CÉLIA: Tem esta outra opção: listras!

EDILAMAR: Listra me engorda, mas bonitinha, hein? Quanto tá?

CÉLIA: Olha aqui... Material bom...

EDILAMAR: Malha boa.

CÉLIA: Papa fina. Não é aquelas porcarias que a outra empurra lá pra você, não.

EDILAMAR: Quanto tá?

CÉLIA: Olha, eu faço pra você, isso, mais o hidratante, mais aquele seu condicionador que eu sei que tá acabando, faço tudo pra você por sete quatro.

EDILAMAR: Tá salgado! Você já viu meu salário?

CÉLIA: Paga com o décimo terceiro, criatura...

EDILAMAR: Tô contando com ele pra sobreviver em janeiro...

Enquanto as duas negociam valores, Paloma sai do banheiro, os textos se cruzam.

PALOMA: [*voltando do banheiro*] Tá sem água. É isso que eu falo, tá vendo? Entra ano, sai ano, a mesma coisa. Começaram as férias, eles racionam. Eles acham que sustentabilidade é isso. Acham que se não tem aluno, pra que ter água? Quem é que está aqui? Não era pra estar, era pra estar em casa resolvendo a vida. Que vida? Nesse calor, quem vive? Nessa cidade cada vez mais cara, quem vive? Tudo caro, tudo cheio, tudo quente, não é pra você, essa cidade não é pra você, você não é pra você. Você é pro outro. [*grita para fora*] Oi!!! Mas tem gente aqui, não tem bicho, não! E mesmo que tivesse bicho, não se nega água!

Célia e Edilamar encaram Paloma. Silêncio constrangedor entre as três. Permanecem assim por algum tempo.

PALOMA: [*doce*] Alguém sabe da Vivian?

EDILAMAR: Pois é, a gente tava aqui falando dela. Parece que teve alta.

PALOMA: Graças a Deus.

EDILAMAR: Mas não deve voltar pra cá tão cedo.

CÉLIA: Isso se voltar um dia, né.

PALOMA: Você acha que não volta...?

CÉLIA: Acho beeeeeeem difícil. Não coloco minha mão no fogo. Mas... Depois de tudo... Não sei, não...

PALOMA: E a gente vai ficar à deriva?

EDILAMAR: Isso que eu queria sugerir como pauta hoje, também. Uma eleição pra diretor urgentemente.

PALOMA: Eleição? Em pleno recesso? Mas quem é que vai votar?

EDILAMAR: O conselho.

PALOMA: Mas o conselho não pode tomar uma decisão como essas, assim, sem consultar...

EDILAMAR: [*procurando uma caneta na mochila*] Isso que... Provisória. A gente escolhe uma diretora substituta, provisoriamente. Tem coisas práticas que só uma diretora pode resolver.

PALOMA: Mas por que não espera? Daqui a pouco mandam alguém pra cá. Ou a própria Vivian...

EDILAMAR: Sim, também acho, mas o caso é que a gente não tem como saber quando isso vai acontecer, entende? Daí faz o quê? E se as aulas voltarem e não tiverem mandado ninguém? Ou se a Vivian não voltar? Pode acontecer, e aí? Vamos receber os alunos sem dar uma geral na escola? Na quadra, laboratórios, biblioteca... Sem discutir projetos que possam intensificar a relação da escola com o entorno... é isso? A gente cruza os braços e espera? A gente finge mais uma vez que não está acontecendo nada e empurra com a barriga? Ou a gente arregaça as mangas e coloca em ação o que em teoria já tá mais do que debatido? O que você acha?

PALOMA: E o resto do conselho?

CÉLIA: Tu acha? Cadê? Agora, aqui isso é pra eu aprender. Idiota. Cheguei cedo. Agora aqui... [*risada amarga*] Mas olha, do fundo do coração, de verdade, a maluquice tá na gente. Para e pensa. Nem precisa ser esperto. O que é que a gente tá fazendo aqui? A gente não tinha nada que estar fazendo aqui. Tem NADA pra fazer aqui não, gente. Uma vivalma nessa escola. Sem água, com esse ventilador, que ele e nada é a mesma coisa. Se aborrecendo. [*Célia começa guardar o seu material*] O que é que a gente tá fazendo aqui, gente? Tá todo mundo na praia e a gente aqui de babaca no centro da cidade, cinquenta graus... Quem é que tá errado? Quem é que tá enlouquecendo?

Célia pega suas sacolas, tenta sair, mas Edilamar a impede.

PALOMA: Vivian. Coitada... Não tiro isso da cabeça... Fico pensando... Não sei vocês, claro que vocês também. Imagina. Todo mundo aqui deve ter se colocado no lugar dela... muito triste.

EDILAMAR: Eu não acho que o erro tá na gente, não. Sinceramente. Eu não acho mesmo. Mesmo com toda a dificuldade que a gente sabe que passa nessa profissão, nem precisa ficar aqui enumerando... mesmo com tudo isso, faz parte do que sou. Eu não sei se é dom, se é amor, se é falta de vergonha na cara...

PALOMA: Ou tudo isso junto...

Mabel entra pela lateral da quadra.

EDILAMAR: ... Ou tudo isso junto, não sei mesmo. Mas o que sei é que a gente tem uma questão bem prática pra resolver. E a gente precisa se unir. [*firme*] A gente conhece essa escola, o que já passou de aluno na nossa mão... A gente se confia. Entende? Por isso, esse negócio que aconteceu da professora Mabel comigo. Por isso a gente precisa se unir, pra que esse tipo de postura não seja incentivada. Não se repita. Foi só a Vivian se afastar pra professora Mabel se revelar.

Mabel continua entrando com a bicicleta na quadra.

CÉLIA e PALOMA: Calma...

EDILAMAR: Eu tô mentindo, gente? Desculpe falar, mas essa é a verdade, a professora Mabel se revelou.

MABEL: Me revelei, como? [*clima*] Boa tarde, professoras, desculpe o meu atraso, mas vejo que cheguei bem a tempo de ouvir sua definição sobre mim, professora Edilamar. Desculpe interromper, pode prosseguir, a senhora estava no ponto que diz respeito à minha revelação. Sim. Estou curiosa. Onde eu me revelei?

PALOMA: Mabel, tá muito quente, não leva a mal, o calor deturpa tudo.

EDILAMAR: Boa tarde, professora Mabel.

MABEL: Por favor, tô curiosa com a sua definição.

EDILAMAR: Não é definição, não é da minha natureza definir ninguém. Mas comentava, realmente, aqui com as minhas colegas, sobre como a professora... mudou, depois do que aconteceu com a diretora Vivian. Revelando uma natureza hostil, criando animosidade entre professores e alunos.

João Rodrigo entra pela lateral, fica ensaiando no corredor.

MABEL: Animosidade? A professora se refere ao meu direito de expressão e apoio aos alunos?

EDILAMAR: A professora incitou os alunos e todo mundo sabe disso.

MABEL: Isso é uma conclusão da senhora, eu sou responsável pelo que eu faço e não pelo que a senhora acha.

CÉLIA: Gente, pelo amor. Tá muito quente. Ninguém precisa.

Clima.

PALOMA: Bom, gente, vamos começar...

MABEL: Eu só queria, mais uma vez, deixar claro que eu nunca, NUNCA, incitei ninguém dessa escola a nada. Se os estudantes fizeram o que fizeram foi por conta deles e por conta dos absurdos expostos nesta escola, em que ninguém toma partido.

EDILAMAR: Absurdos? A senhora não acha um absurdo o que eles fizeram com a fachada da escola e com a diretora Vivian? Isso não é absurdo?

MABEL: Claro. Não sou a favor da violência, absolutamente, condeno qualquer tipo de agressão. Mas foi legítimo o que eles...

EDILAMAR: Legítimo? Vocês ouviram isso? A senhora, como educadora, legitima a depredação da sua própria escola?

MABEL: Legítimo no sentido de autêntico, real, verdadeiro. A revolta desses garotos é verdadeira e está ficando cada vez mais claro que as coisas aqui precisam mudar.

EDILAMAR: Professora, a senhora realmente acha que...

Rodrigo entra. Paloma cutuca Edilamar apontando Rodrigo. Todas olham a figura do jovem alinhado, ar simpático.

EDILAMAR: Pois não, meu filho?

RODRIGO: É aqui o conselho de classe?

PALOMA: É, sim, você está procurando alguém?

CÉLIA: Você é o filho da Regina?

RODRIGO: Regina?

MABEL: [*para Rodrigo*] Boa tarde! Que bom que chegou. Esta é a professora Célia, responsável pelos laboratórios de ciência e matemática. Esta é a professora Paloma...

PALOMA: Tia Paloma.

MABEL: Tia Paloma, professora de português.

PALOMA: E literatura brasileira.

MABEL: Português e literatura, responsável pelos projetos de integração da biblioteca com a escola. E aquela é a professora Edilamar. Professora de educação física, treinadora do time de handebol da escola.

Todas intrigadas com a presença de Rodrigo, as professoras lançam olhares inquisitivos para Mabel.

RODRIGO: Boa tarde, professoras. Eu sou João Rodrigo, estarei por aqui durante a ausência da diretora Vivian, que como todos sabem passa por um problema de saúde e está em recuperação. Mas creio que em pouco tempo tudo voltará ao seu lugar, direitinho... Eu sei que a escola está passando por um momento de tensão, vamos juntos tentar transformar essa tensão em produtividade.

Rodrigo sorri.

CÉLIA: Gente... Ele é estagiário?

MABEL: Ele é o diretor substituto.

Espanto geral.

CENA 2: VIVIAN

Tia Paloma e Rodrigo.

PALOMA: [*transportada*]
    Você tá bem?
    Quer água?
    Coca-Cola?
    Tá doendo?
    Eu não sei o que fazer.
    [*tempo*]
    Você quer falar sobre o que aconteceu lá embaixo?
    Quer que eu limpe seu rosto?
    Eu tenho Merthiolate na bolsa.
    Quer Danone?
    Quer que eu avise alguém?
    Qual é o número do seu marido?
    Cadê sua agenda?
    Cadê seu celular?
    Aí eu meti a mão no bolso dela. Não achei nada. Só um isqueiro.
    Ih!!!! Você voltou a fumar.
    Fumar faz mal.
    Quer fumar agora?
    Eu fumo com você, se quiser.
    Você quer?
    Quer que eu faça alguma coisa?
    Quer ficar sozinha aqui, pensando?

Quer que eu chame as outras professoras?
Quer conversar?
Tem certeza que não quer que eu te leve pro hospital? Você tem plano, seguro de saúde? Você tem dinheiro pro táxi? Você tá com medo? Você tá com fome? Você tá confusa? Você tá me ouvindo? Você tá me ouvindo?

[*tempo*]

Não esboçou nada... Esta é a palavra: nada. Não é vazio, porque vazio ainda é alguma coisa... E ali não era nada... Ela ficou parada me olhando com aquela cara de nada. Bem aí, sentada nessa mesma posição... Aí, sem mover um músculo, do nada, falou, séria: *"No Japão, o único profissional que não precisa se curvar diante do imperador é o professor, pois, segundo os japoneses, numa terra em que não há professores não pode haver imperadores."*

RODRIGO: [*curioso*] Isso não é verdade.

PALOMA: Ela queria que fosse. Ela gostava, gosta, muito do Japão. Engraçado... né?

RODRIGO: Professora Paloma...

PALOMA: [*sorri, doce, numa leve correção*] Tia Paloma...

RODRIGO: [*com certa estranheza*] Então, Tia Paloma... Nada contra a diretora Vivian, mas veja bem... Os professores de lá não passam pelos mesmos absurdos que a gente passa aqui, mas também não diria que são recompensados como merecem. Eles não ganham tão bem quanto se acredita, e também não gozam de tanto prestígio assim na sociedade... E como nas escolas daqui, Tia Paloma, nem sempre eles recebem a atenção e o respeito dos alunos...

PALOMA: Já foi ao Japão?

RODRIGO: Pela internet.

Sorri.

PALOMA: Mas é só uma mensagem positiva, filho, não faz mal.

Ouvem-se as vozes de Célia e Mabel no corredor.

MABEL: Célia, você...

CÉLIA: Não.

MABEL: Eu só queria saber se...

CÉLIA: Não.

MABEL: Mas você nem...

Tempo.

MABEL: Tudo bem você não gostar de mim, mas eu acho...

CÉLIA: [*corta*] Ih, Mabel, esse papo...Olha, realmente... Vai dar não.

MABEL: Você não gostar, direito seu, mas é hora de colocar as diferenças de lado pra...

CÉLIA: [*corta*] Mabel. Pelo amor. Tá. Me deixa quieta, aí. Finge que eu não tô aqui.

RODRIGO: [*intrigado*] E depois?

PALOMA: Não disse mais nada...

RODRIGO: Não explicou por que fez o que fez?

PALOMA: Não, ela não falou mais nada. Ah! Falou do Japão. Levantou. Foi até o bebedouro, lavou o rosto com água gelada. Secou com um lencinho. Jogou na lixeira. Pegou a bolsa. Tirou uma escova de dentro, escovou, guardou. Pegou a jaqueta. Foi até essa porta aqui e aí... Ficou parada. Paralisada. Tá tudo bem?

Tempo.

PALOMA: Não respondeu nada. Fui até ela, percebi que estava chorando, sem som. Sabe quando... então. Ela ali em pé. Uma estátua de sal. Com a cara manchada de sangue. Eu teria dado um abraço, mas...

Tempo.

PALOMA: João Rodrigo, quantos anos você tem?

RODRIGO: Vinte e sete.

PALOMA: Eu tenho 30 só de magistério. E posso te falar a verdade? Mesmo com esse tempo todo, tem coisas que não tem como se acostumar... Você até pode aceitar, porque a gente acaba aceitando mesmo, que remédio? Mas se acostumar, entender... Não...

Ouve-se a voz de Célia, no corredor.

CÉLIA: Daqui a pouco eles voltam, aí você abre o coração, fala o que acha, o que não acha... Tá quente demais pra ficar falando à toa.

RODRIGO: A professora já poderia ter se aposentado... Por que continua?

PALOMA: Só saio com a compulsória.

[*eles riem*]

PALOMA: Tá rindo? Ri não. [*doce*] Você ainda vai me ver muito aqui. Essa escola é feia... velha... Não é perfeita... Mas eu sou igual! Também tive meus tempos áureos, láááá... [*sorri*] Eu sei onde está cada livro naquela biblioteca, cada revista, cada grampo... É... A gente passa mais tempo no trabalho do que em casa, do que no mundo... Por isso nem é mais questão de gostar, não, filho. Tá entranhado...não sai mais, não... É por isso que quando acontece uma coisa dessas a gente fica tão... Desculpa. Perdão.

Rodrigo estende um lenço para Paloma.

RODRIGO: Está tudo bem, toma aqui um lencinho.

PALOMA: Obrigada... [*seca as lágrimas*] Desculpa. Perdão.

RODRIGO: Imagina... Vocês estão com os nervos à flor da pele... Já deu pra ver...

PALOMA: Eu vi a Vivian chegar aqui, professora ainda, recém-formada. Bonita. Sempre foi bonita. E firme. Sempre foi firme. Eu apresentei essa escola pra ela... [*num suspiro de lamento*]

RODRIGO: E os meninos?

PALOMA: Que é que tem?

RODRIGO: Eles tinham uma boa relação com ela?

PALOMA: Ah, meu filho. Estamos em um colégio do estado e dar bom-dia e boa-tarde já pode ser considerada uma relação mais que excelente.

RODRIGO: Então foi tudo de repente...?

PALOMA: [*durante a sua fala, Paloma vai tirando da bolsa um pote de biscoito, um prato de plástico e um vidro com café*] Nada é de repente, nada é à toa. Tem dias em que a gente acorda atravessado... O meu pai dizia isso... Sabe quando você acorda atravessado? Tipo espinha de peixe na garganta, descendo errado... Então... Tem gente que acorda atravessado e tem gente que NASCE atravessado... Arranhando a garganta dos outros... Aqui tá cheio de gente que nasceu atravessada...

RODRIGO: A senhora tá falando dos alunos?

Paloma sorri e não responde, enquanto balança o pote de biscoito.

PALOMA: Vem, filho, vou te mostrar a biblioteca, tem cada coisa linda...

Saem. A quadra fica vazia.

CENA 3: PAPO RETO

Ouvem-se novamente as vozes de Célia e Mabel discutindo.

MABEL: Eu só queria saber de você, Célia. De verdade, francamente, se você acha realmente certo, REALMENTE certo o que a professora Edilamar está fazendo. Porque não me parece que uma mulher como você, que conhece tão bem as necessidades desta escola, não perceba os absurdos que a professora Edilamar defende.

Sem resposta.

MABEL: Célia.

Sem resposta, Célia ignora plenamente.

MABEL: Célia.

Sem resposta.

Mabel pega algum objeto frágil e atira contra a parede, provocando estardalhaço.

CÉLIA: [*encara*] Que isso?

MABEL: A professora concorda com as imposições de Edilamar?

CÉLIA: Que cena foi essa?

MABEL: A professora não respondeu à minha pergunta.

CÉLIA: Não lhe devo satisfações.

MABEL: Mas deve aos seus alunos. E, pra maioria deles, essa é uma oportunidade de um futuro melhor.

CÉLIA: Futuro melhor? Ah, Mabel, me faça!

MABEL: Não entendi o tom da professora.

Tia Paloma leva João Rodrigo para conhecer a escola, percebendo o constrangimento do rapaz. Célia e Mabel voltam para a quadra.

CÉLIA: Não entendeu? Então vai pra casa, reflete e quando entender manda mensagem...

Célia entra em cena. Mabel vem atrás.

MABEL: Escuta aqui, Célia...

CÉLIA: [*corta*] Escuta aqui você, minha filha. Escuta aqui você. Tá. Pensa que eu nasci semana passada? Olha pra minha cara. Eu tenho cara de otária? Fala. Não abusa da minha paciência.

MABEL: Eu respeito a professora, e sei do esforço que a gente faz pra estar aqui. Mas esse esforço é inútil se a gente, de fato, não se propuser a colocar o ensino desses jovens como prioridade em nossas pautas. Eles são a nossa responsabilidade. Não tô me referindo só ao futuro deles, mas ao futuro do nosso país, entende, Célia? Depende da gente também. Não pode ser só uma questão de certo ou errado, de aprovado ou reprovado. Educação vai muito, muito além de um boletim escolar. Eles acreditam na gente.

CÉLIA: E você acredita? Do fundo do coração. Fala. Acredita nessa escola parada no século passado? Nesse sistema de ensino do tempo do ronca? Você acredita nisso, Mabel? A escola não cumpre mais a sua função faz muito tempo... O mundo lá fora tá muito mais interessante, tem muito mais informação útil, direta. E os alunos, os professores, funcionários, todo mundo sabe disso. Tá careca.

MABEL: Mas isso tem a ver com a falta de preparo do próprio professor com as questões que os alunos le...

CÉLIA: [*corta*] O professor tá muito bem preparado, Mabel.

O celular de Célia toca. Ela atende.

CÉLIA: Oi, Guducho... Não, agora eu não posso falar... Te ligo depois, tá? [*desliga*] O professor tá muito bem preparado. Eu tenho duas faculdades, me considero uma mulher muito bem instruída, eu tenho três filhos, um neto em idade escolar. Eu sei do que tô falando. O que o professor não tá preparado é pra ser agredido, violentado, desrespeitado diariamente, é pra isso que ele não tá preparado. Isso não vem na grade curricular.

MABEL: Mas isso é reflexo do que tá na sociedade. Por que na escola seria diferente? O mundo tá violento. E a gente faz parte desse mundo, não só como professoras, mas também como cidadãs, como mães, avós...

CÉLIA: E o que você quer que eu faça? Que eu salve o Brasil com um toco de giz na mão? Que eu seja a responsável... como foi que você falou? Pelo... Pelo "futuro do País"? Com essas salas superlotadas, você quer que eu decore o nome de todo mundo e ainda dê conta daquilo que nem mesmo a família deles consegue dar? Jura? Você tá me cobrando isso? Não posso. Não tenho condições. Físicas, mentais. Muito menos com o salário que eu ganho.

MABEL: Então não sei o que a gente está fazendo aqui...

CÉLIA: Eu sei de mim, se você não sabe de você, paciência.

MABEL: Eu tô falando de envolvimento, responsabilidade, compromisso com o cargo que a gente ocupa. É uma questão de prioridades.

CÉLIA: Mabel, eu não sei se você ficou sabendo, mas em nenhum momento nem em nossa cidade, nem no nosso estado, nem no nosso país, a educação foi prioridade. Fala-se muito, discute-se mui-

-to. Igual a você aqui, agora. Mas cadê? Lá de onde você veio, mesmo. Como era a escola lá de onde você veio?

MABEL: Precária.

CÉLIA: Defina precária.

MABEL: Sem vaso sanitário, sem ventilação, sem janela, sem porta, sem iluminação. Sem professores.

CÉLIA: Pois é. Aqui é um castelo, né?

MABEL: Pois é, e mesmo assim a gente tá onde tá.

CÉLIA: Então me diz uma coisa, por que não ficou lá e mudou a realidade de lá?

MABEL: Eu vim em busca de aperfeiçoamento profissional.

CÉLIA: Oito anos?

MABEL: Não sei aonde a professora quer chegar...

CÉLIA: Eu não quero chegar a lugar nenhum, quem tá chegando cheia dos discursos é você. Tudo muito bonito, mas muito batido. Vai lá salvar a sua escola no Norte.

MABEL: Nordeste.

CÉLIA: Isso. Vai salvar o Nordeste. Pernambuco precisa muito de você, minha filha. Você não é de lá? Vai lá ensinar pros seus. Aposto que eles estão precisando mais de você lá do que aqui.

MABEL: Não gosto da maneira que a professora fala comigo.

CÉLIA: Eu também. Tá assim de coisas que eu não gosto. Ih... se eu botar na ponta do lápis... Mas mesmo assim eu não tô aqui, tendo que te engolir? Então vamos facilitar? Cada macaco no seu galho.

E posso te dar um conselho? Se eu fosse a professora, parava, de uma vez por todas, de achar o que ninguém está procurando.

MABEL: Obrigada pelo conselho, mas ainda bem que a senhora não sou eu!

Clima entre as duas. Entra Edilamar carregando um galão de água, desses azuis. Percebe o clima.

EDILAMAR: [*para Célia*] Tá tudo bem?

CÉLIA: Que bom que chegou a água. Vamos começar? Eu tô com hora.

EDILAMAR: [*para João Rodrigo*] Me ajuda aqui, meu filho, você que é homem.

João Rodrigo auxilia na troca do galão cheio pelo vazio, no bebedouro. As professoras vão sentando no círculo de cadeiras.

CENA 4: PRISCILA DA 805

As professoras formam uma meia-lua. Rodrigo ouve, em pé, encostado na mesa.

MABEL: [*lendo*] "Nasci tempestade. Trovejei. Em seguida chovi. A terra me bebeu. Brotei. Em seguida flori. Fui além de mim. Fiz sombra. Fiz fruto. Em seguida morri. Mas não a morte do Homem, nem do bicho, nem da planta... a morte da palavra, que encontra no silêncio da terra a eternidade do fim." Lara, 602. [*troca a página*] "Manhã que eu mesmo invento, pela tarde em movimento, de dobra em dobra, de vento em vento. Anoiteço redemoinho de lamento." Udson, 704. [*troca a página*] "Som de radinho, tocando baixinho, som do vizinho, o som do caminho, o som da alma fazendo ninho. O coração no peito de um Homem: som sozinho." Maicon Douglas, 706. [*troca a página*] "Correnteza de mar, corda tesa no ar, eco de sereia preso na areia, suspira, devaneia: quem vem me amar... quem vem me amar..." Priscila, 805.

EDILAMAR: [*seca*] Vale a pena lembrar que Priscila da 805 é a mesma autora do verso "Vagabunda, piranha, vai tomar no cu", que está estampado na fachada da nossa escola. Infelizmente, sem o mesmo apelo artístico visto no versinho recitado pela professora Mabel. Não é mesmo? [*cercada por planilhas*] Vale a pena lembrar, também, que Udson da 704, em parceria com o aluno Maicon Douglas da 706, vandalizou/vandaliza e no que depender deles sempre vão vandalizar a nossa escola.

MABEL: O que estou mostrando pra professora é justamente uma faceta dessas pessoas e...

EDILAMAR: E estou mostrando a outra, que infelizmente costuma se manifestar com mais frequência.

RODRIGO: Professoras, vamos organizar as planilhas e quando o conselho começar...

CÉLIA: O conselho não começou, gente?!

RODRIGO: E cadê o resto do conselho?

CÉLIA: Na praia.

PALOMA: É... Geralmente só vem a gente. Mais a professora Cléa, que mora na Ilha. [*nos dedos*] O professor Paulo Guaraná, o professor Ubiraci, que de

	vez em quando vem, e o... [*num esforço*] qual é o nome?
MABEL:	Régis.
PALOMA:	Régis. O professor Régis... Mas esse sempre... Ah! A professora Vera Lúcia...
CÉLIA:	[*corrigindo prova*] Vera Lúcia tá com dengue.
PALOMA:	De novo?
CÉLIA:	Fui levar a encomenda dela e o filho disse que ela tava no posto.
PALOMA:	[*nos dedos*] Professor Régis, professora Vera Lúcia... Mais quem?
EDILAMAR:	Vivian.
PALOMA:	E a diretora Vivian.
RODRIGO:	E onde estão esses professores?
CÉLIA:	Pois é.
PALOMA:	E Ubiraci, hein, gente? Alguém sabe do Ubiraci? [*pra Célia*] Célia, você tem o telefone do Ubiraci?
EDILAMAR:	Não vem mais ninguém, gente. Infelizmente. Essa que é a realidade. Com a suspensão das aulas tão perto do período de férias, a maioria emendou, agora só ano que vem... Esse é o nosso último conselho escolar do ano.
RODRIGO:	Não podemos considerar esse encontro como um conselho escolar, professora Edilamar.
EDILAMAR:	[*entrega uma planilha*] Aqui tem a assinatura desses professores que foram citados agora, [*mostra*] aqui... Nesse termo, eles concordam com tudo o que for decidido pela maioria, hoje.

RODRIGO: [*lê o documento com atenção*] Mas só tem professor nessa lista? [*inquisidor*] Um conselho escolar não pode ser feito só com professores, vocês sabem, né? Vocês não têm o direito de tomar todas as decisões da escola, administrativas e pedagógicas.

EDILAMAR: Não entendi.

RODRIGO: Cadê o representante dos pais, cadê o funcionário administrativo, cadê o membro da comunidade local? Não pode ter só professores.

EDILAMAR: Não, isso eu sei, todo mundo aqui sabe, perfeitamente.

RODRIGO: E o que a professora não entendeu?

EDILAMAR: Deixa eu explicar, você que não tá entendendo, o professor Ubiraci, além de lecionar geografia, tem dois filhos matriculados aqui no período da manhã, [*aponta na planilha*] Anamaria da 702 e Afonso da 804. A assinatura de Ubiraci. Tudo certinho. Aqui, [*mostra uma conta de luz*] meu comprovante de residência, que, como o senhor vê, fica bem aqui perto da escola, portanto me sinto no direito de ser representante da comunidade, até porque nunca soube de alguém do bairro interessado nos assuntos da escola. E até onde eu sei, não existe nenhum artigo institucional que proíba um professor de ser ao mesmo tempo pai de aluno e representante da...

RODRIGO: [*corta*] ... eu sei. Mas e o representante dos funcionários? Esse não pode ser professor da escola.

EDILAMAR: Claro, por isso a Tia Paloma tá aqui. Tia Paloma é professora de formação...

PALOMA: [*orgulho*] Português e literatura brasileira.

EDILAMAR: Mas não leciona tem quase o quê... nove, dez?

PALOMA: Onze.

EDILAMAR: Onze anos. É funcionária da biblioteca. E eleita democraticamente, pelos outros funcionários, como sua representante. Como o diretor vê, nós podemos, precisamos, devemos e vamos representar esse conselho.

RODRIGO: Claro, a senhora não precisa se exaltar.

EDILAMAR: Não tô exaltada, é o meu jeito.

RODRIGO: Eu só achei estranho a escola estar passando por um problema tão grave e ter metade do conselho ausente. Assinar um papel concordando com a maioria?

PALOMA: Eu falei a mesma coisa.

CÉLIA: [*levantando pra ir embora*] Então, gente, o problema é esse? Passa pro ano que vem, a gente se fala por email, pronto, acabou, problema resolvido.

MABEL: Problema resolvido? Não tem nada resolvido!

EDILAMAR: Céus, a gente precisa decidir...

MABEL: Decidir, não, votar!

EDILAMAR: Bater o martelo, colocar no papel.

MABEL: [*repreende Edilamar*] Refletir!

CÉLIA: Vocês são surdas? João Rodrigo acabou de falar que não, Paloma também...

MABEL: E o problema da quadra?

RODRIGO: Qual o problema da quadra?

EDILAMAR: Eu sou responsável pela quadra...

MABEL: Responsável, não, você é a dona da quadra.

EDILAMAR: Eu quero dizer que a quadra está sob a minha responsabilidade.

MABEL: E por isso ninguém mais pode usar?

EDILAMAR: Existe um quadro de horários, sempre existiu, é um espaço democrático.

MABEL: Democrático? Um quadro com os SEUS horários?

EDILAMAR: Não posso estar 24 horas à sua disposição, sinto muito.

MABEL: Então deixa a chave da quadra na escola.

RODRIGO: A professora leva a chave da quadra pra casa?

EDILAMAR: [*contorna a situação*] Como dizia, diretor João Rodrigo, a quadra está sob a minha responsabilidade. Pois além de treinadora do time da escola, mantenho vivo o museu com a nossa memória esportiva e que já foi violado algumas vezes, mesmo com tanta segurança. Infelizmente, estamos numa área de risco, e não estou acusando ninguém, que fique bem claro, mas infelizmente, não podemos confiar em todo mundo que entra e sai dessa escola, isso eu tô falando de aluno e de funcionário também. Por isso, o conselho decidiu, democraticamente, que a chave da quadra ficaria sob minha responsabilidade, no intuito de proteger o patrimônio público e a nossa memória.

MABEL: O que a senhora mantém na quadra não é um museu. É uma sala entulhada de troféus e medalhas, quinquilharias que não dizem nada.

EDILAMAR: Museu é uma instituição permanente, sem fins lucrativos...

MABEL: A professora quer me ensinar o conceito de museu?

EDILAMAR: O que a professora chama de quinquilharia representa o único estímulo que essa escola oferece à autoestima dos seus alunos.

MABEL: Único estímulo? Acabei de ler poesias feitas por esses alunos, que deixam claros a sensibilidade e o alto nível de...

EDILAMAR: [*corta*] Alto nível? Priscila da 805?

CÉLIA: Diiiiila...

MABEL: Alto nível, sim, estimulado não só por práticas esportivas.

EDILAMAR: Mabel, você vai me desculpar, mas Priscila da 805 é tudo, menos alto nível, e todo mundo dessa escola sabe disso. Aliás, todo mundo sabe muito bem qual é o estímulo dessa garota nessa escola...

PALOMA: Ai, Jeová!

MABEL: É impossível dialogar com a professora! Eu não consigo!

RODRIGO: Professoras...

PALOMA: Foco, gente, foco...

MABEL: Ela acabou de esculhambar uma aluna!

EDILAMAR: E você tá esculhambando o meu museu.

MABEL: Um museu deve estar a serviço da educação e deleite da sociedade, do seu desenvolvimento.

Aberto ao público. Aquela sala fica trancada, longe do acesso de qualquer aluno.

EDILAMAR: Ah, Mabel! Não amola!

CÉLIA: Diiiiiila...

PALOMA: Calma, gente...

RODRIGO: Professoras.

EDILAMAR: A gente só fechou porque começou a sumir coisa, porque some. Olha onde a gente tá. Você vai fazer o quê? Arrancar a mão? Mandar prender? Tá dando sopa, o aluno vai lá, pega e carrega. Eu moro aqui do lado. Eu levo a chave comigo, mas todo mundo tem meu telefone, eu venho aqui e abro quando eu posso, eu não me nego! Gente, eu tô aqui há 14 anos!

CÉLIA: Diiiiiila...

RODRIGO: Professoras, por favor, vamos voltar pro assunto da pauta, por favor. Tá calor. Vamos otimizar. Tanta coisa que merece a nossa atenção, não vamos nos desgastar com coisas tão pequenas... A questão da quadra. Eu ainda não entendi a questão da quadra. Podemos resolver o assunto da quadra?

MABEL: Eu tô tentando há oito anos.

RODRIGO: Então, professora Edilamar, podemos tentar um acordo? Pensar em alguma alternativa, uma grade de horários ou uma...

EDILAMAR: Não.

Constrangimento.

Tempo.

RODRIGO: Por quê?

EDILAMAR: Porque eu exijo o afastamento da professora Mabel dessa escola.

PALOMA: [*num lamento ao confirmar que o ventilador quebrou*] Puta que o pariu... [*constrangida*] Desculpa. É que... Parou.

RODRIGO: Por quê?

PALOMA: Tá velho. Tá aqui desde 87. Uma hora tinha que... [*reage a uma mosca sobrevoando*]

RODRIGO: Por favor, professora, presta atenção aqui.

PALOMA: [*ofendida*] Eu estou prestando atenção.

RODRIGO: Estamos no meio de um assunto sério e...

PALOMA: [*corta*] E esse calor não é sério?

RODRIGO: Sim, mas a professora Edilamar acabou de falar...

PALOMA: [*corta*] E eu ouvi! E falei também. Ou só Edilamar pode falar?

EDILAMAR: Tia Paloma...

CÉLIA: [*suspira saturada*] Palomita, não começa.

PALOMA: Ah, gente, é só eu começar a falar que já ficam de qui-qui-qui-cacacá.

CÉLIA: [*curta e grossa*] Vamos seguir, gente, vamos seguir! Dila, por favor.

EDILAMAR: Bom. Como todas aqui sabem, a professora Mabel insuflou os alunos numa revolta inconsequente que, por mim, já seria motivo suficiente pro seu afastamento, quiçá, QUIÇÁ, sua exoneração, tendo em vista o que aconteceu com a diretora Vivian.

MABEL: Inconsequente, não. Muito pelo contrário. É tudo consequência. Desse sistema de ensino, dessa escola de cimento, que mais parece um presídio.

PALOMA: É verdade, Mabel. Gente, é muito portão, é muita grade, tem grade em tudo, e o caminho da biblioteca parece o corredor da morte. Inclusive eu trouxe um projeto [*tira da bolsa*] pra justamente refletir sobre isso, melhorar a escola, pensar num jardim de inverno, um cantinho de leitura, um cineclube que possa...

MABEL: [*corta*] Pois é, Tia Paloma, muito bom! Porque não são apenas portões e grades, mas principalmente o tratamento. Enquanto os alunos encararem os professores como carcereiros, a coisa não vai mudar.

Outra mosca no ar. Edilamar e Célia reagem.

EDILAMAR: Eu não estou falando dos alunos. Estou falando da professora. Eles se organizarem nos nichos deles, entre eles, com a cabeça deles, é uma coisa. Agora, a senhora, macaca velha...

CÉLIA: Diiiiila...

EDILAMAR: João Rodrigo, é inconcebível que uma professora incite os alunos à violência. Gente, eu tô maluca?

RODRIGO: Em tempos de transformações tão significativas que nosso país está passando, a senhora não acha positivo que os alunos se manifestem, exercendo seus direitos e...

EDILAMAR: E deveres? Cadê os deveres? Ou é unilateral? São só direitos? Virou carnaval? Todo mundo querendo o milagre dos direitos, mas os deveres... o limite dos direitos dos outros... ninguém quer saber! A Vivian levou seis pontos na cara! Isso também tá nos direitos deles?

RODRIGO: Mas no relatório que chegou a mim dizem que foi acidental e...

CÉLIA: Que relatório? Quem escreveu esse relatório? Quem mandou?

PALOMA: Eu não mandei. [*para Edilamar*] Você mandou?

EDILAMAR: Eu, não!

MABEL: Eu mandei.

PALOMA: Mabel!

EDILAMAR: Há! Tô falando, gente!

PALOMA: Você mandou um relatório sem nos consultar?

CÉLIA: Você passou por cima do conselho, Mabel?

MABEL: Eu não passei por cima de ninguém. Eu enviei o relatório em meu nome, no direito de professora dessa escola, pra solicitar com urgência um diretor substituto antes do ano letivo terminar. Não vejo nada de mal nisso.

CÉLIA: Então você sabia que ele vinha e não disse nada?

PALOMA: E por que você escondeu isso da gente?

CÉLIA: Hein, menina?

EDILAMAR: Ela tava tramando, gente. Agindo na surdina.

MABEL: Surdina??? Agora tudo que eu fizer eu tenho que consultar vocês primeiro?

PALOMA: Tá estranho, Mabel...

MABEL: Tem nada de estranho. É só um relatório sobre o que aconteceu aqui.

CÉLIA: Eu quero ler esse relatório.

EDILAMAR: Eu também.

Uma começa a falar por cima da outra, bate-boca generalizado, não se entende mais nada. Rodrigo está alheio, saturado. Procura o relatório na pasta que trouxe com ele.

O telefone toca.

Silêncio.

Expectativa entre todos.

O telefone insiste.

Rodrigo vai atender.

RODRIGO: Pronto. [*tempo*] Oi, minha querida, você que ligou, com quem gostaria de falar? [*tempo*] Patrícia? [*para as demais*] Quem é Patrícia?

PALOMA: [*aponta*] Célia Patrícia.

CÉLIA: [*sussurra*] Pergunta quem é?

RODRIGO: [*estranha*] Quem gostaria? [*tempo*] Marli?

CÉLIA: [*gesticula um "não"*] Não! Diz que não tô!

RODRIGO: Vou passar pra ela. [*estende o fone*]

CÉLIA: [*contrariada*] Fala, Marli, desculpa, tô toda enrolada hoje, esqueci de você...

RODRIGO: [*encarando Célia com reprovação*] Eu vou lá embaixo, acho que esqueci o relatório no carro, já volto. É o tempo da professora usar o telefone. Com licença.

Rodrigo sai. Paloma se abanando, Mabel e Edilamar se encarando.

CÉLIA: [*ao telefone, num papo trivial com Marli*] Poxa, Marli, desculpa mesmo, viu? É que esse mês eu levei muito cano, me enrolei toda. Mas segunda, sem falta, eu faço o depósito, na boca do caixa...

EDILAMAR: [*para Mabel, furiosa*] Quem é esse cara? De onde você tirou esse garoto? Como é que você pega um joão-ninguém da vida e mete aqui dentro, goela abaixo, um cara que não sabe nada da realidade aqui? Não é você que vive dizendo que a gente precisa se unir? Precisa aprender a resolver as próprias questões? Cadê a autonomia pedagógica? Sua máscara caiu, Mabel. Mas olha, eu não sei como eu ainda me surpreendo com pessoas como você. Tá vendo, Tia Paloma? Isso é pra gente aprender...

MABEL: Para de envenenar as pessoas contra mim, que mania!

EDILAMAR: Se você sentasse a sua bunda e escrevesse pra Secretaria pedindo um auditório, uma sala de ensaio em vez de usar sua energia pra escrever esse relatório cretino...

MABEL: [*firme*] A professora me respeite!

CÉLIA: Eu sei, Marli, mas eu tive que resolver o negócio da descarga e isso custou, descontei no aluguel. Eu não posso fazer uma obra num apartamento que não é meu, certo...?

MABEL: Seja sincera, Edilamar. Assuma. Você quer o meu afastamento por pura picuinha, não é?

EDILAMAR: Olha quem vem falar de picuinha... a rainha das tramoias...

MABEL: [*para si mesma*] Eu não vou me rebaixar...

EDILAMAR: Não vai se rebaixar porque você já é baixa! Porque esse negócio de armar pelas costas, pra mim, é baixaria. Eu e Tia Paloma sabemos muito bem quem é você.

MABEL: Você tá fazendo um inferno só por causa de uma quadra. Eu e Tia Paloma estamos falando de educação.

PALOMA: Ah, eu tô falando...? Agora posso falar?

CÉLIA: Eu sei, Marli, mas eu não sou obrigada a pagar essa taxa, isso é o proprietário. Ele já cobra um preço absurdo, não posso arcar com todas as despesas do prédio sozinha... Eu sou professora, Marli!

EDILAMAR: Eu só quero ver o que tem nesse relatório.

MABEL: A verdade.

EDILAMAR: Isso que eu quero saber, que verdade é essa...

MABEL: Você tá com medo, Edilamar. Porque o João Rodrigo não é a Vivian.

PALOMA: Ah, mas não é mesmo, ele é todo alinhado. Deve morar com os pais ainda... Eu não vi aliança.

EDILAMAR: Pois quem deveria temer aqui é você, Mabel. Sua batata tá assando.

MABEL: Olha, realmente, não dá... [*sai para o banheiro do lado da sala*]

CÉLIA: [*chorando*] Eu sei, Marli! Mas vou fazer o quê? Passar fome pra pagar taxa de incêndio, taxa de portão eletrônico, taxa de seguro-inundação? Meu filho tá operado, eu tenho que dar conta dele e dos filhos dele. Tô que nem um camelo pra cima e pra baixo, dando nó em pingo d'água. Sou eu pra tudo, Marli! Eu tô cansada, Marli... Eu tô velha... E tem essa rinite alérgica que não me larga...

Todas olham, compadecidas.

CÉLIA: [*secando as lágrimas, frágil*] Desculpa, eu sei que você não tem nada a ver com isso, mas explica pro Rogério que vai melhorar, tá melhorando, já melhorou. Daqui a pouco é Natal e todo mundo faz suas comprinhas e a maré fica boa, também já pedi transferência daqui, meu primo tá vendo isso pra mim. A mulher dele virou deputada e vai dar essa força, falou que vai me transferir lá pra Secretaria... Só tá esperando o ano virar... Daí a coisa melhora... Trabalho menos, ganho mais... Menos aporrinhação na minha cabeça. Tô tão aporrinhada, Marli... Ainda bem que o ano tá terminando... Graças a Deus... [*tempo*] Tá certo. Segunda-feira, sem falta. Obrigada, viu, Marli, desculpa o desabafo, é que a gente segura, segura e daí tem horas que vem tudo... não tem como controlar. [*tempo*] Tá. Outro pra você... [*desliga*]

Todas encaram Célia.

CÉLIA: [*natural, deixando claro que o choro foi fingimento*] Safada!

EDILAMAR: Você vai sair da escola?

Tempo.

CÉLIA: Pois é... não comentei nada porque ainda não assinei papel e essas coisas, vocês sabem, né?... Só pode explanar depois que assina.

EDILAMAR: Jogou a toalha...

CÉLIA: Dila, vida que segue.

PALOMA: Você vai estar aqui no amigo oculto?

CÉLIA: Claro, eu venho visitar vocês, eu não vou sumir não, gente. Vou trazer meus produtos, minhas novidades, vou voltar muito aqui ainda...

EDILAMAR: Volta nada, Célia.

CÉLIA: Eu volto...

EDILAMAR: Volta nada, mané volta. Tu acha? Vai fazer o que aqui?

PALOMA: Primeiro Vivian, agora Célia... a bruxa tá solta...

EDILAMAR: Você desistiu.

CÉLIA: Já tem alguns anos...

Barulho de descarga.

CENA 5: O RELATÓRIO

O relatório passa de mão em mão. Durante a leitura, as moscas invadem a quadra.

RODRIGO: Ao Departamento de Gestão da Secretaria de Educação,

Ilmo. Sr. Dr. Carlos Alberto Vergueiro

Diretor da Coordenadoria de Gestão da Educação

Sou professora de artes, pós-graduada por uma das maiores universidades deste país, e tenho desenvolvido um trabalho significativo na escola em que atuo, reconhecido pelos alunos e pela comunidade. Considero a arte e a educação as molas propulsoras para o desenvolvimento de uma sociedade equânime e justa. Acredito na educação pública e luto diariamente para garantir a todos o direito de aprender. É por conta disso que venho, como professora da Escola Estadual Dias Gomes, relatar os acontecimentos que culminaram com o afastamento da diretora Vivian de Lima Souza das suas atividades.

Acredito que seja do seu conhecimento o episódio ocorrido em nossa escola e que ficou conhecido na rede como "A Revolta do Boné".

EDILAMAR: Tudo começou quando a diretora Vivian proibiu a entrada de um aluno nas dependências da escola porque ele usava um boné. Essa atitude foi considerada pelos outros alunos arbitrária e autoritária. Ao final do dia, fui procurada por alguns deles que queriam promover um ato de solidariedade ao colega e em defesa do direito de livre expressão. Resolveram então evocar a memória do patrono da escola, o dramaturgo Dias Gomes, encenando um trecho da obra *O pagador de promessas*, trabalhada em minhas aulas no exitoso projeto "Conhecendo nossa história", e que traz em seu bojo uma discussão muito interessante sobre liberdade e intransigência, questões que pautaram o conflito em que estavam envolvidos. No dia seguinte, fui surpreendida pelo fato de todos os alunos — eu disse TODOS — estarem usando bonés. Numa atitude corajosa e criativa, eles se articularam via rede social e tomaram tal decisão para incrementar o "protesto". Atenta para não reproduzir a atitude autoritária que gerou o conflito, acatei o gesto dos alunos. Seguimos para a quadra onde a apresentação deveria ser realizada e fomos surpreendidos pela presença da diretora Vivian e da professora de educação física, que se comporta como síndica da escola, sra. Edilamar Castilho de Jesus.

CÉLIA: A professora Edilamar se posicionou de braços abertos na porta de acesso à quadra, bloqueando-a. A diretora Vivian, com o dedo em riste e visivelmente exaltada, falava em tom elevado com os alunos para que tirassem os bonés e voltassem para as suas salas, pois não haveria apresentação alguma! Os ânimos se exaltaram, os alunos começaram a entoar palavras de ordem. Foi quando a diretora Vivian autorizou o vigia da escola, Ismael Carvalho, a dispersar os estudantes usando a força, gerando assim uma cena que em nada lembrava o ambiente escolar. Então, acidentalmente, repito, ACIDENTALMENTE, a cruz que estava com o aluno Maicon Douglas, intérprete de Zé-do-Burro, personagem central da trama, atingiu a diretora Vivian, que caiu desmaiada no chão. Os jovens, numa demonstração clara de solidariedade, logo se mobilizaram para ajudá-la, enquanto a treinadora Edilamar, em tom exaltado, se ocupava em procurar um culpado como numa inquisição medieval. Os alunos deixaram a diretora Vivian na companhia da professora Paloma Pamponete.

Nesse meio-tempo, Edilamar chamou a polícia, que segundo ela deveria "averiguar os fatos" e punir os responsáveis. Eu, sinceramente, não vejo sentido no envolvimento da polícia nos assuntos da escola.

CÉLIA e **RODRIGO:** As questões escolares precisam ser resolvidas internamente, com um processo exaustivo de diálogo entre gestores, professores, alunos, pais e responsáveis.

CÉLIA: Para ratificar minha posição, cito o mestre Paulo Freire: *"Se a educação sozinha não transforma a sociedade, sem ela tampouco a sociedade muda. Se a nossa opção é progressista, se estamos a favor da vida e não da morte, da equidade e não da injustiça, do direito e não do arbítrio, não temos outro caminho senão viver plenamente a nossa opção."*

PALOMA: Mas voltando aos fatos: as aulas foram suspensas. A diretora Vivian alegou crise de estresse se afastando das suas atividades sem prazo de retorno. Sem uma liderança formal, a professora Edilamar resolveu "tomar as rédeas" da situação. Estamos próximos do conselho de classe e precisamos tomar decisões importantes, que não podem prescindir da participação de um gestor. Temo por nossos alunos, que podem ser vítimas indefesas da arbitrariedade de alguns profissionais que se dizem educadores.

MABEL: Por esse motivo entrei em contato com a Secretaria. Os questionamentos que pautam a minha atitude são: Estamos brincando de educar? A posse de um diploma e alguns anos de exercício da profissão tornam o professor educador? Não! O que nos torna educadores é o nosso compromisso com o aprendizado do aluno e esse aprendizado é responsabilidade de todos na escola. Pergunto mais! A ausência da gestora outorga a algum professor o direito de ocupar o seu lugar, sem que a comunidade escolar e a

Secretaria de Educação assim decidam? Mais uma vez, a resposta é não!

Assim, me despeço com a certeza da sensibilidade do senhor quanto a nossa situação e do seu apoio enviando com a maior urgência possível um[a] diretor[a] substituto[a] para nossa querida escola.

Atenciosamente,
Mabel da Silva
Professora de artes da Escola Dias Gomes.

As moscas zunindo no volume máximo, tomando a quadra completamente, aturdindo as professoras e principalmente João Rodrigo, que tenta inutilmente espantar as moscas com os arquivos dos alunos.

CENA 6: QUANDO AS MAÇÃS CAEM DAS ÁRVORES

Silêncio profundo.

Tudo parado, menos Tia Paloma, que se levanta da cadeira e caminha até o bebedouro, atravessando a sala. Enche a garrafinha dela. Bebe. Meio delirante. Tudo ao seu redor está imóvel. As professoras, Rodrigo, o ventilador. Como uma cena de quadro. O grito. Grito sem som. Respiração forte. Enxuga o rosto. Luz intensa do sol na quadra. Suspensão.

PALOMA: Cansaço. O osso aqui... Queria entrar numa piscina de gelo agora... Jamais terá. Não nessa vida. Faz parte.

Suspensão.

PALOMA: Encostada.

Suspensão.

PALOMA: Faz parte. Você vai continuar se envolvendo com os problemas deles... vai continuar esperando a maçã que nunca vem, e eles vão continuar te virando as costas e te deixar falando sozinha, é da idade, é do país, ninguém vai te dizer obrigado, muito menos o Estado, que vai continuar metendo no seu rabo com pimenta e sal e você vai continuar reclamando, pois a luta não pode parar, e tudo no país vai continuar sendo um problema da educação, e mesmo que todo mundo continue admitindo que você é importante, que você merece mais dignidade, que você não é tratada com respeito, você vai continuar não recebendo por isso e vai continuar o dia inteiro em pé pra pagar o dentista que vai continuar caro, e o Rio vai continuar quente, e você vai continuar cansada, e a instituição escolar vai continuar burocratizando a infância pra continuar o ciclo de cidadãos massinha de manobra, e a culpa vai continuar caindo na conta dos desvios morais dos alunos e dos professores, ignorando que na verdade é tudo uma questão política, mas todo mundo vai continuar sem se entender... Aqui dentro... Lá fora... Ai... Acho que a minha pressão tá baixa. Alguém sabe ver pressão?

Tudo volta a movimentar-se.

PALOMA: Célia, você tem aparelho de pressão?

RODRIGO: [*abrupto, batendo na mesa*] Caralho!

Todas espantadas.

RODRIGO: [*tentando o autocontrole*] Desculpa. [*numa falsa calma, para Tia Paloma*] A senhora precisa se concentrar aqui, pelo amor de Deus. Se não for ajudar, não atrapalha. Tá muito quente. Tem muito papel. Muita gente falando. Não é hora de encomendas. Aliás, não é hora nem lugar de encomendas. Isso aqui não é uma feira. E a partir de hoje, enquanto eu estiver aqui, substituindo a diretora Vivian, eu não quero isso, não quero esse negócio de encomenda, venda de comida, café, isso da porta pra fora, lá vocês podem fazer o que quiserem, mas aqui não! E esse negócio de usar telefone pra assuntos pessoais acabou. Não quero. O telefone da escola é pra receber chamadas! Não é pra se pendurar! E a partir de hoje qualquer chave, qualquer — de gaveta, de armário, porta, cadeado, laboratório, biblioteca, quadra —, eu peço que deixem no quadro de chaves, ele está aqui pra isso.

Sai bufando para o banheiro. As professoras, estarrecidas, se movem lentamente. Barulho de descarga. João Rodrigo volta, ainda furioso.

RODRIGO: E, sim, pelo fato de eu ser um homem, eu peço que, enquanto eu estiver por aqui, usem somente o banheiro das professoras, por favor.

Clima muito constrangedor.

Célia guarda as coisas, muito digna.

As professoras, com exceção de Mabel, sentam-se afastadas de João Rodrigo.

RODRIGO: [*tentando retomar o assunto*] Então. Voltando. Toda essa revolta aconteceu só por causa de um boné?

CÉLIA: [*resmunga*] Uma bobagem...

MABEL: Bobagem?

CÉLIA: Bobajada. Nem dou Ibope pra isso.

RODRIGO: [*intrigado*] Mas como uma coisa que parece tão banal, a princípio, pode tomar essa proporção...?

CÉLIA: Pois é, tem gente que gosta de implicar com coisas banais...

MABEL: Essa é só a ponta do iceberg, reflete a falta de respeito generalizada nessa escola.

CÉLIA: A começar pelos alunos. [*pegando o relatório com desdém*] Por que você não mencionou no relatório, Mabel, o vandalismo pós-manifestação? A degradação da fachada da escola? [*conferindo uma lista administrativa, passando para Rodrigo*] Os bebedouros quebrados, os vasos sanitários, que eles mesmos usam, tudo entupido de livros... As janelas quebradas, as latas de lixo reviradas pelo pátio, as lâmpadas estilhaçadas, o busto...

RODRIGO: Que busto?

CÉLIA: Você passou por ele na entrada. Você não viu? Picharam a cabeça do Dias Gomes, o patrono homenageado da escola, nem ele escapou... Ah, e roubaram o mapa-múndi também.

PALOMA: Ai, não...

CÉLIA: Dei falta essa semana. A gente tá sem mapa-múndi, tá? Por que você não mencionou o roubo

	do mapa-múndi no seu relatório, Mabel? [*entrega uma planilha a João Rodrigo*] Aqui, substituto: a conta.
RODRIGO:	Tá salgado. Por que você não mencionou o prejuízo, professora?...
MABEL:	Vergonha.
RODRIGO:	Vergonha de quê?!
MABEL:	Vergonha de admitir que essa escola, a gente, não desperta o mínimo de apreço dos alunos por esse lugar.
PALOMA:	Isso é verdade.
CÉLIA:	Me engana que eu gosto, Mabel. Você quer o quê? Que a gente coloque uma mesa de sinuca, um fliperama, um traficante, um MC pra melhorar o apreço deles pela escola? Você não colocou isso no seu relatório pra vitimizar essa turma! Quer dizer, turma não é, né? Porque Maicon Douglas, Udson, Priscila e Lara estão mais pra um bonde, uma quadrilha, uma máfia...
PALOMA:	Isso é verdade também...
RODRIGO:	[*conferindo as fichas dos alunos*] Mas eles progridem bem na escola... As notas estão na média, sem precisar de recuperação, reforço...
CÉLIA:	A gente passa direto pra eles voltarem logo pro mundo. O pai e a mãe largam aqui e a gente que aguente?
RODRIGO:	Eu fico muito alarmado ouvindo isso de uma professora...
CÉLIA:	[*solta uma gargalhada*] Vocês são muito engraçados, vocês da Secretaria. Eu também fico muito

alarmada. Com o meu salário. Todo mês, quando ele pinga, eu fico alarmada. E ninguém vem aqui saber como eu tô, como tá a minha cabeça, meu coração...

PALOMA: Se bem que você vai pra lá agora, né, Célia, pode fazer esse papel... de vir aqui e ver como está a minha cabeça e o meu coração...

RODRIGO: É muito triste ver a senhora falando com tanto desprezo desses garotos...

CÉLIA: João Rodrigo, eu ensino pra quem quer aprender. Quem não quer aprender, só lamento. Não tem cabimento obrigar uma criatura a estudar. Como não tem cabimento a gente se estressar tudo de novo com esse caroço. A professora Mabel se afeiçoa a eles porque na aula dela só tem o bem-bom: pintar palito, cortar papel... Até ato de vandalismo vira performance artística.

PALOMA: Pois é, Mabel, vandalismo não dá...

RODRIGO: Isso é sintomático. Até porque foi uma reação maciça e não apenas meia dúzia de gatos pingados. Foi uma reação contra uma instituição onde eles não se veem representados. O problema pode não estar nos alunos...

PALOMA: É, olhando por esse ponto de vista, concordo.

MABEL: Ninguém quer ser tratado como gado.

CÉLIA: E por isso quebra? Isso não me representa: vou lá e quebro! É assim? Voltamos pros tempos das cavernas?

PALOMA: Não, Célia.

RODRIGO: E não parece do tempo das cavernas uma diretora usar da sua autoridade pra coagir um aluno injustamente? Isso não parece pré-histórico pra senhora? O abuso da autoridade? A síndrome do pequeno poder?

CÉLIA: Olha, Rodrigo, até onde eu sei, a Vivian só pediu pro rapaz tirar o boné porque no nosso uniforme não tem boné. Simples assim. Pronto, acabou. AGORA, se por causa dessa bobagem, que você vai me desculpar, mas nada me convence do contrário, é uma bobagem, sim! Se por causa dessa bobagem eles arrumaram motivo pra quebrar tudo, isso são outros quinhentos e Vivian não tem nada a ver com essa história. O buraco é muito mais embaixo e você sabe disso, todo mundo aqui sabe. E ninguém aqui vai tapar buraco de ninguém, não é mesmo? Nem se quisesse.

RODRIGO: Então se é tudo uma questão de regras por que não se discute rever a validade dessas regras? A gente não precisa ficar automatizando tudo, reproduzindo tudo, pode questionar, mudar.

PALOMA: Podemos, claro, vamos.

CÉLIA: Eu não sei que tanto vocês implicam com isso... Do jeito que vocês falam parece que todo mundo foi educado num campo de concentração à base do chicote. Gente! Eu segui regras. Eu, você, todo mundo é criado assim... Todo mundo aqui teve que usar uniforme, saber tabuada, prova dos noves, essas coisas que todo mundo faz e vai continuar fazendo, mesmo sem saber por quê... é a vida. Que não é bolinho. E nunca vai ser. Mas a gente não tá aqui? Com nossas faculdades, nossos filhos, nossas opiniões políticas? Sinal de que nem tudo foi tão ruim assim, né?

RODRIGO: Não tô falando só do método, professora, mas também da abordagem...

MABEL: Ela não vai entender, não adianta, aqui é assim.

CÉLIA: Eu não vou entender é como a sua cara não tá ardendo com um relatório desses, tão descarado!

MABEL: Tudo que eu coloquei aí eu não escondo de ninguém, nunca escondi.

PALOMA: Parem de brigar, gente, tá muito quente...

RODRIGO: [*ríspido*] Ninguém tá brigando, a gente só está discutindo... Refletindo.

CÉLIA: O uniforme é uma regra básica, isso aqui é uma escola, não é um desfile de moda.

MABEL: O uniforme é uma forma de uniformizar, deixar tudo homogêneo, ignorando as subjetividades...

CÉLIA: Ih, quer saber, não sou obrigada. [*levantando e saindo*] Cansei.

PALOMA: Célia...

CÉLIA: Não vou bater palma pra maluco dançar... chega... Tô indo embora. Feliz Natal.

Célia sai.

PALOMA: Célia... para onde você vai?

RODRIGO: Professora Célia!

CÉLIA: [*para Rodrigo*] "Substituto": Ho! Ho! Ho!

Célia vai embora. Lamentos. Clima.

RODRIGO: [*inseguro*] Vocês querem passar o conselho pro ano que vem?

PALOMA: Célia não volta ano que vem.

RODRIGO: [*olhando ao redor. Inseguro ao extremo*] Então... não sei o que a gente faz agora... A gente continua?

EDILAMAR: [*concentrada*] O uniforme é uma forma de se reconhecer como grupo também. Se reconhecer como parceiro. Coletivo. Time. Por isso tem o uniforme. Pra dizer que aqui ninguém é melhor ou pior que ninguém. E é por isso que tem as regras. Não dessa forma escrota que você descreve, mas como uma forma de acordo em conjunto. Uma lei que garanta a convivência produtiva entre todos, inclusive, respeitando tantas subjetividades. É por isso que tem hierarquia, não como "abuso do pequeno poder", mas como ordem, que se estabelece através de uma liderança. Você não tá aqui pra isso? [*para Rodrigo*] Pra estabelecer a ordem pela hierarquia? Não foi por isso que a professora Mabel enviou o relatório? Porque... [*pega o relatório, lendo*] "Sem uma liderança formal, a professora Edilamar resolveu *'tomar as rédeas'* da situação. E precisamos tomar decisões importantes, que não podem prescindir da participação de *um gestor*. Temo por nossos alunos, que podem ser *vítimas indefesas* da arbitrariedade de *alguns* profissionais que *se dizem* educadores."

A professora Mabel clama por justiça, contra a inquisidora medieval aqui. A mesma inquisidora que conseguiu fazer do Dias Gomes uma referência esportiva em toda a região, revelando talentos e não "vítimas indefesas". Incentivando o espírito esportivo, que preza o respeito e não a violência.

Fazendo das olimpíadas escolares um evento que promove a aproximação dos estudantes com seu entorno, familiares e funcionários desta escola, no único momento em que toca o hino nacional e todo mundo canta. Diferente do [*pega o relatório*] "exitoso projeto 'Conhecendo nossa história', da professora Mabel, reconhecido pelos alunos e pela comunidade", mas de que eu particularmente nunca ouvi falar, nunca vi. Alguém aqui?

Silêncio.

EDILAMAR: Não? Foi o que eu imaginei. Porque é através desse "exitoso projeto" que a professora defende sua participação na manifestação... Uma vez que esse projeto não existe, imagino eu então que os motivos para insuflar os alunos são bem mais escusos.

Edilamar chora.

MABEL: [*chorando também*] Eu não insuflei ninguém. E o fato de as senhoras desconhecerem o meu projeto não significa que ele não exista. Ele só não tem o mesmo alcance do da treinadora pela política equivocada dessa escola, que insiste em considerar as atividades esportivas prioridade em detrimento de todas as outras disciplinas, principalmente as artes que ainda se fundem de forma injusta com o esporte.

EDILAMAR: E a culpa é minha? Estamos no Brasil!

RODRIGO: Estamos numa escola, só pra lembrar a senhora. Se os conceitos de arte e esporte não estão claros aqui, é um problema nosso.

EDILAMAR: Não tem problema nenhum de conceito... é uma disputa de quem tem razão.

RODRIGO: Mas as duas têm razão, ou, não sei, uma coisa não anula a outra, o que eu quero dizer é que a gente quer o melhor pra essa escola e isso já está claro.

EDILAMAR: O problema é o que se entende por "melhor pra essa escola".

RODRIGO: O melhor ensino, melhor relação entre todos... Parece que tem um abismo entre a gente, entre vocês... entre vocês e os alunos de vocês... Precisa aproximar... precisa ser mais pessoal... É ótimo que as olimpíadas escolares tragam isso, aproximem as pessoas, a gente pode expandir esse modelo... atrair mais a atenção da comunidade... A comunidade precisa estar mais presente, pra isso a escola precisa estar mais aberta... Esse negócio de atravessar seis portões pra entrar, e grades, vocês têm razão, não pode... vira jaula. As escolas com maiores índices de segurança são aquelas em que a comunidade toma partido, participa... Vira a atração do bairro...

O telefone toca.

RODRIGO: [*ignora o telefone e continua num discurso, fingindo não se importar com o telefone tocando*] Acabei de ver, outro dia mesmo, uma reportagem num site... [*telefone insiste*] É... Falava de uma escola nos Estados Unidos, eu acho... Em Boston... Talvez... Enfim, uma reportagem que falava dessa escola superviolenta, perigosa... Ensino médio... Muitos latinos, muitos negros... Os alunos tinham que passar por um detector de metais pra entrar na escola... E o diretor demitiu, de uma hora pra outra, assim, toda a equipe de segurança e investiu esse dinheiro em professores de arte.

Telefone tocando. Todos incomodados, fingindo não ouvir.

RODRIGO: E em três anos, olha isso, só três anos, a escola que estava entre as piores do estado se tornou uma das unidades onde houve maior salto de qualidade no aprendizado dos alunos. Isso quer dizer que a coisa pode... [*se irrita e atende*] Pronto! [*respira saturado*] Oi, professora Célia.

PALOMA: Célia!

RODRIGO: Ela tá aqui, sim [*para Edilamar*] Ela quer falar com você.

EDILAMAR: [*atende*] Oi. [*tempo*] Bolsa? [*dá uma olhada onde Célia estava sentada, confere, encontra uma sacola*] Tá aqui, sim. [*tempo*] Você não vai voltar pro conselho? [*tempo*] Então não levo, não, você volta aqui e pega se quiser. [*desliga. Longo tempo. Desânimo*] Onde paramos?

RODRIGO: No... "Pagador de promessas"?

PALOMA: É sobre um homem que faz uma promessa pra salvar a vida do seu burro que está doente. O burro fica bom e ele vai pagar a promessa.

RODRIGO: E o que isso tem a ver com a "revolta do boné", professora?

MABEL: Zé-do-Burro tem uma religiosidade sincrética bem típica das camadas populares da Bahia, que veem, por exemplo, Iansã e santa Bárbara como uma mesma entidade. Mas o padre não tolera o sincretismo religioso por conta das regras da doutrina que defende. Zé-do-Burro não compreende essas regras, ele é do povo. Os códigos culturais não são os mesmos, ninguém se entende e o choque termina com a morte de Zé-do-Burro, que finalmente entra na igreja sobre a cruz, carregado pelo povo, como um mártir que morreu em nome de sua fé.

EDILAMAR: Maicon Douglas, o mártir dessa escola?

RODRIGO: Eu entendi. Você tá falando de empatia. Os alunos se reconheceram nessa peça de teatro e isso é incrível. Além de desenvolver sensibilidade estética, imaginação, criatividade, desenvolvem o senso crítico, político. Estabelecem relações entre o lido e o vivido. Isso também é aprendizagem.

MABEL: Justamente! Essa é a palavra: empatia! Empatia pelos alunos, dos alunos pela escola, a comunidade, a educação... Enquanto a mentalidade do "farinha pouca, meu pirão primeiro" reinar, vai ser sempre assim...

EDILAMAR: [*corta*] Mentira! Você é mentirosa! Mentirosa!

MABEL: Não admito que a senhora fale assim comigo!

RODRIGO: Professoras!

PALOMA: Agora vocês estão brigando?

EDILAMAR: Tá claro nesse relatório. A professora Mabel quer me desmoralizar.

MABEL: Como a treinadora é egoica, tudo é em torno e por causa da senhora!

EDILAMAR: E por que o protesto foi na quadra?

MABEL: Existe lugar mais adequado dentro de uma escola do que uma quadra?

EDILAMAR: No horário da minha aula? Por que a professora não fez durante os intervalos? Teria mais alunos assistindo.

MABEL: Não foi uma decisão minha, como eu disse, partiu deles, tá muito claro no relatório.

EDILAMAR: Tá claro que você é uma mentirosa cretina!

RODRIGO: Professora Edilamar, eu não vou permitir que baixe o nível aqui!

EDILAMAR: Eu não "me posicionei de braços abertos" bloqueando nada nem a diretora Vivian colocou dedo na cara de ninguém, proibindo a encenação. Ela só ratificou que o boné estava proibido. Eu só pedi que eles esperassem que a aula acabasse, mas são adolescentes e com o apoio nocivo de uma professora, pronto: tá armada a zona. Eles não querem ser tratados como gado, mas forçaram a entrada como uma manada. Gente: essa mulher queria ver o circo pegando fogo! Esse relatório deixa claro que se trata não de uma questão coletiva, como ela faz questão de frisar o tempo todo, mas de uma questão pessoal. Que infelizmente a senhora não tem a dignidade de admitir. E eu só chamei a polícia porque os alunos estavam tentando arrombar o museu dos troféus. Porque eu sei que você tá de olho nesse museu, quer transformar em sala de entulho, depósito de cenário... Não vai!

RODRIGO: Por favor, professora, sem exaltação!

EDILAMAR: Mas não vai, mesmo! Eu não vou deixar!

MABEL: Essa é a Edilamar! Fascista!

RODRIGO: Estamos entre educadores e não numa feira!

EDILAMAR: Ela escreveu que os alunos "socorreram em solidariedade à diretora Vivian." Mentira! Ismael teve que entrar aqui pra não pisotearem a mulher.

MABEL: Edilamar, você tá menstruada!

EDILAMAR: [*furiosa, partindo pra cima de Mabel*] Como é que é? COMO É QUE É?

João Rodrigo segura Edilamar.

MABEL: Manipuladora! Os alunos ficaram visivelmente assustados quando viram sangue no rosto da Vivian! Os atores prestaram socorro, sim, no mesmo instante, com a minha orientação.

EDILAMAR: Mentirosa! Você não presta! Você quer é ver o caos aqui dentro!

MABEL: Você tá doída porque o João Rodrigo não é a Vivian! Pensou que fosse dar o golpe de Estado!

RODRIGO: Professora Mabel, por favor!

EDILAMAR: Sua vaca! Você não presta! Mas eu vou mover o mundo, ah, se vou, mas aqui você não fica! Mas não fica, mesmo!

RODRIGO: Professoras!!!

As duas quase num corpo a corpo, quando Paloma tem uma convulsão e cai. Todos em desespero e surpresa colocam as diferenças de lado e ajudam Paloma. Desenrolar a língua, conter o corpo. João Rodrigo, desnorteado, não sabe o que fazer.

EDILAMAR: [*para João Rodrigo*] Pega um troço pra abanar ela.

João Rodrigo pega uma pasta e passa pra Edilamar, que abana Paloma.

MABEL: Calma, Paloma, eu e Edilamar estamos aqui com você.

RODRIGO: Gente, tem que fazer alguma coisa, ligar pro SAMU.

EDILAMAR: Não adianta ligar pro SAMU. Quando é convulsão eles não vêm.

MABEL: Liga pra vizinha dela, o telefone tá lá no quadro. Isabel.

João Rodrigo sai correndo. Paloma vai se aquietando, a respiração ainda ofegante.

EDILAMAR: Olha aí... se mijou toda... Acho melhor levar ela pra sala da Vivian, lá ela vai ficar mais confortável. [*para Paloma*] A gente vai levantar a senhora, tá?

Edilamar e Mabel, com grande esforço, levantam Paloma. Cada uma segurando Paloma por um braço. Saem falando.

EDILAMAR: A gente vai levar a senhora pra sala da Vivian. Lá tem ventilador de teto... aquele sofá... a senhora vai ficar mais confortável...

MABEL: Cuidado aí... Devagar...

Saem.

EPÍLOGO: CREPÚSCULO/ALVORADA

João Rodrigo volta. Deita no chão da quadra. Abstrato. Cigarras cantam, denunciando o fim do dia.

Célia reaparece, avistando a sacola esquecida na quadra. Compadecida com João Rodrigo, fica olhando de longe. Tira uma latinha de cerveja do seu isopor, abre e serve pro jovem. Ele aceita. Sorri. E bebem juntos.

CÉLIA: Saúde.

RODRIGO: Saúde...

Eles bebem.

CÉLIA: Que furada que tu se meteu, hein. [*ri*] Vai ser fácil, não... Tem trabalho aí...

RODRIGO: Tô sabendo.

CÉLIA: Mas você é novo, tá na idade, eu é que... [*suspira saturada*]

Bebem.

RODRIGO: Olha, desculpa se fui grosseiro, eu não quis de maneira alguma ofender a senhora, as encomendas, eu sei que é uma fonte de renda que ajuda, é necessária e...

CÉLIA: Esquenta a cabeça, não...

Bebem.

RODRIGO: Você vai pra lá ano que vem?

CÉLIA: Pra Secretaria? Tá certo, mas certo, certo só quando eu assinar lá... essas coisas, né... Muda o governo, muda tudo... E você, vai ficar aqui?

RODRIGO: Não sei ainda... Depende da Vivian...

CÉLIA: Vivian tá doente... E não por causa do acidente, ela já tá doente faz muito tempo... Tá todo mundo doente aqui. É preciso estar esperto... Ou isso aqui te joga pra baixo... Leva tua saúde, e saúde não tem preço, né? Ainda mais pra quem depende dela pra sobreviver...

RODRIGO: Tá indo embora por isso.

CÉLIA: Também. Lá eu ajudo mais do que aqui... Mas e você, se pudesse, tu ficava?

RODRIGO: Não sei, é muito grande...

CÉLIA: Quando eu cheguei aqui pensei a mesma coisa, me deu um frio na barriga, um medo, um troço, mas tinha uma esperança no meio, um fogo, um "tchans"...

Eles contemplam a escola.

CÉLIA: Você vai tirar isso aqui de letra. Já dirigiu uma escola?

RODRIGO: Provisoriamente...

CÉLIA: Aqui precisa de você. Duvido que Vivian volte...

RODRIGO: A professora Edilamar já sinalizou interesse, não sei se é o caso...

CÉLIA: Mas tem as eleições... Ela e Mabel vão se estapear nas urnas... você só precisa escolher um lado...

RODRIGO: Eu já escolhi. Eu tô do meu lado.

CÉLIA: Olha aí. É o que eu sempre digo. Temos algo em comum, eu também, tô sempre do meu lado. E falando em lado...Você vai pros lados ali da rodoviária, ali em São Cristóvão... Tô cheia de sacola, seria uma carona do céu...

RODRIGO: Eu levo a professora.

CÉLIA: Obrigada.

Célia aponta a sacola, pedindo pra João Rodrigo carregar.

RODRIGO: [*rindo*] A professora é abusada...

Vão saindo. No portão da quadra, param.

CÉLIA: Vou te fazer uma pergunta, mas eu quero que você responda com sinceridade, na firmeza. [*tempo*] Tu gosta da Alcione? [*Rodrigo ri*] Ou tá mais pra Sorriso Maroto?

Os dois saem, tomando cerveja. O sinal toca, vozerio de estudantes.

Luz caindo em resistência.

FIM

Sobre o autor

Jô Bilac nasceu em 1984, no Rio de Janeiro. Filho de pai espanhol e mãe brasileira, passou parte de sua infância em Madri, na Espanha. Em 2006, formou-se pela Escola de Teatro Martins Pena. Oriundo de uma família de classe média, tem como referência em seus primeiros textos a influência de personagens burgueses em meio a uma sociedade desigual e consumista. Em 2007, fundou juntamente com Vinicius Arneiro, Carolina Pismel, Paulo Verlings e Julia Marini a Cia. Teatro Independente, excursionando por todo o Brasil com os espetáculos *Cachorro!* e *Rebú*. Desde então, escreveu *Limpe todo o sangue antes que manche o carpete*, *Savana Glacial*, que venceu o Prêmio Shell de melhor texto em 2010, *Popcorn* e *Gato branco*, entre outras peças de teatro. Em 2012, sua peça *Alguém acaba de morrer lá fora* foi publicada pela Editora Cobogó. No ano seguinte, foi autor convidado das feiras literárias de Frankfurt e Gotemburgo. Por *Conselho de classe*, recebeu os prêmios Cesgranrio e APTR, além de ter sido indicado ao Prêmio Shell de melhor autor.

Breve relato dos 25 anos da Cia. dos Atores

Em 2013, comemoramos 25 anos de existência. Os muitos trabalhos realizados ao longo desse tempo trazem traços marcantes e recorrentes, além da utilização de múltiplos segmentos narrativos: verbal, visual e corporal.

Em 1988 realizamos aquele que seria considerado o primeiro trabalho do grupo: *Rua Cordelier — tempo e morte de Jean Paul Marat*, com André Barros, Enrique Diaz, Marcelo Olinto e Susana Ribeiro. Em 1990, o espetáculo *A Bao A Qu (Um lance de dados)* formou aquela que seria conhecida como a *Cia. dos Atores,* com André Barros, Bel Garcia, Cesar Augusto, Drica Moraes, Enrique Diaz, Gustavo Gasparani, Marcelo Olinto, Marcelo Valle, Susana Ribeiro, e a participação de dois atores associados: Anna Cotrim e Alexandre Akerman. Em 1995, André Barros se desliga do grupo.

Através de processos criativos, descobrimos afinidades artísticas e assim produzimos vários espetáculos ao longo destes anos: os já citados *Rua Cordelier — tempo e morte de Jean-Paul Marat* e *A Bao A Qu (Um lance de dados); A morta; Só eles sabem; Cidades invisíveis; A babá; Melodrama; Tristão e Isolda; João e o pé de feijão; O enfermeiro; Cobaias de Satã; Melo — Pocket; O Rei da Vela; Meu destino é pecar; Ensaio.HAMLET; Notícias Cariocas; Autopeças 1* (composta de *Os vermes, Talvez, Apropriação®, Bait Man, Esta propriedade está condenada*, a leitura do texto *Édipo rei* e um vídeoinstalação); *Devassa — Segundo a caixa de Pandora; O espírito da terra;* e *Autopeças 2 — Peças de encaixar*.

Viajamos pelo Brasil (passando por cidades como São Paulo, Belo Horizonte, Brasília, Salvador Porto Alegre, Caxias do Sul, Curitiba, Londrina, João Pessoa, Recife e mais 32 cidades do interior do estado paulistano) e para fora do Brasil, nas Américas do Sul, Central e do Norte (Argentina, Buenos Aires; Colômbia, Bogotá; Chile, Santiago; Porto Rico, San Juan; e Estados Unidos, Miami, Fort Lauderdale, Nova York) e Europa (Portugal, Lisboa e Almada; Espanha, Cádiz e Barcelona; Alemanha, Berlim; Rússia, Moscou; Bulgária, Varna; França, Paris, Lyon, Tarbes, Bayonne, Biarritz, Strasbourg, Molhouse, Noisiel, Malakoff e Paris). Recebemos alguns prêmios: Molière, Shell RJ, Shell SP, Mambembe RJ, Mambembe SP, APCA, Sharp, Qualidade Brasil, Cesgranrio, APTR e Questão de Crítica.

Em 2011, Drica Moraes se desliga do grupo e em 2012 sai Enrique Diaz. Comemoramos nossos 25 anos com o grupo composto por Bel Garcia, Cesar Augusto, Gustavo Gasparani, Marcelo Olinto, Marcelo Valle e Susana Ribeiro. Para festejar nossas bodas de prata, produzimos três peças que aconteceram no Espaço Sesc na cidade do Rio de Janeiro: *Conselho de classe, LaborAtorial* e *Como estou hoje.*

Vida longa à Cia. dos Atores.

© Editora de Livros Cobogó
© Jô Bilac

Editoras
Isabel Diegues
Barbara Duvivier

Consultoria de Texto
Leonardo Netto

Supervisão Geral
Cesar Augusto

Coordenação de Produção
Melina Bial

Revisão Final
Eduardo Carneiro

Projeto Gráfico e Diagramação
Mari Taboada

Capa
Radiográfico

Foto da Capa e p. 5
Vicente de Mello

CIP-BRASIL. CATALOGAÇÃO-NA-FONTE
SINDICATO NACIONAL DOS EDITORES DE LIVROS, RJ

      Bilac, Jô, 1984-
B492c   Conselho de classe / Jô Bilac ; organização Cia dos Atores. – 2.
2. ed. ed. – Rio de Janeiro: Cobogó, 2014.
                     96 p.; 19 cm. (Dramaturgia)

      ISBN 978-85-5591-002-9
      1. Teatro brasileiro. I. Título. II. Série.

16-29922   CDD: 869.92
                                                         CDU: 821.134.3(81)-2

Nesta edição, foi respeitado o Acordo Ortográfico da Língua Portuguesa
de 1990, que entrou em vigor no Brasil em 2009.

Todos os direitos em língua portuguesa reservados à
Editora de Livros Cobogó Ltda.
Rua Jardim Botânico, 635/406
Rio de Janeiro – RJ – 22470-050
www.cobogo.com.br

2019
_____

2ª edição, 1ª reimpressão

Este livro foi composto em Univers.
Impresso pela Gráfica Stamppa sobre
papel Polen Bold LD 70g/m².